CATALOGUE

DES

BIJOUX

DE

L'ARGENTERIE

DU

RICHE MOBILIER

DES

TABLEAUX, LIVRES RARES ET OBJETS D'ART

Appartenant à Mme ANNA D' [élion]

DONT LA VENTE AUX ENCHÈRES PUBLIQUES AURA LIEU EN SON DOMICILE

AVENUE DES CHAMPS-ÉLYSÉES, 146

Le Mercredi 19 Mars 1862 et jours suivants

A UNE HEURE PRÉCISE

Par le ministère de **Me VAVASSEUR,** Commissaire-Priseur,
rue du Faubourg-Poisonnière, 8;

ASSISTÉ DE

MM. MARRET et **BAUGRAND,** Experts-Joailliers,
rue de la Paix, 19,

M. DHIOS, Expert, rue Le Peletier, 33,

M. LAVIGNE, Expert Libraire, rue de Trévise, 38,

Chez lesquels se distribue le Catalogue.

EXPOSITION PARTICULIÈRE	EXPOSITION PUBLIQUE
Lundi 17 Mars 1862, de 1 à 4 heures.	Mardi 18 Mars 1862, de midi à 5 heures.

Entrée particulière réservée aux Voitures : rue Lord Byron, 21.

PARIS — 1862

RENOU & MAULDE

IMPRIMEURS DE LA COMPAGNIE DES COMMISSAIRES-PRISEURS

Rue de Rivoli, n° 144.

CATALOGUE

DES

BIJOUX

DE

L'ARGENTERIE

DU

RICHE MOBILIER

DES

TABLEAUX, LIVRES RARES ET OBJETS D'ART

Appartenant à Mme ANNA D*****

DONT LA VENTE AUX ENCHÈRES PUBLIQUES AURA LIEU EN SON DOMICILE

AVENUE DES CHAMPS-ÉLYSÉES, 146

Le Mercredi 19 Mars 1862 et jours suivants

A UNE HEURE PRÉCISE

Par le ministère de **Me VAVASSEUR**, Commissaire-Priseur,
rue du Faubourg-Poisonnière, 8;

ASSISTÉ DE

MM. MARRET et BAUGRAND, Experts-Joailliers,
rue de la Paix, 19,

M. DHIOS, Expert, rue Le Peletier, 33,

M. LAVIGNE, Expert Libraire, rue de Trévise, 38,

Chez lesquels se distribue le Catalogue.

EXPOSITION PARTICULIÈRE	EXPOSITION PUBLIQUE
Lundi 17 Mars 1862, de 1 à 4 heures.	Mardi 18 Mars 1862, de midi à 5 heures.

Entrée particulière réservée aux Voitures : rue Lord Byron, 21.

PARIS — 1862

ORDRE DES VACATIONS

Mercredi 19 mars 1862.

Bibliothèque, Objets d'art.

Jeudi 20, Vendredi 21 et Samedi 22.

Bijoux et Argenterie.

Lundi 24.

Tableaux et Objets d'art.

Mardi 25 et Mercredi 26.

Cristaux, Bronzes, Meubles et Tentures

CONDITIONS DE LA VENTE

Elle sera faite au comptant.

Les Adjudicataires paieront, en sus des adjudications, CINQ POUR CENT applicables aux frais de vente.

BIJOUX

COLLIERS

Magnifique Collier composé de huit rangs ayant ensemble 606 Perles, qui seront vendues dans l'ordre ci-après :

1 — Rang de 55 perles.

2 — Rang de 62 perles.

3 — Rang de 67 perles.

4 — Rang de 74 perles.

5 — Rang de 79 perles.

6 — Rang de 85 perles.

7 — Rang de 89 perles.

8 — Rang de 95 perles.

La réunion des huit rangs pourra être demandée.

9 — Fermoir de collier, composé de 3 perles fines et 26 brillants.

10 — Collier perles noires, avec 1 fermoir brillant teinté, entouré de 14 petits diamants blancs; le collier se compose de 48 perles.

11 — Sept pendeloques perles noires, avec calottes et bandes en diamants; sur chaque bande se trouve un diamant noir.

La réunion de ces deux objets pourra être demandée.

12 — Un très-riche collier se composant de 14 gros saphirs, entourés de brillants.

13 — Un fermoir de collier composé de 5 gros brillants et 40 plus petits.

14 — Un collier chaîne d'or mat, et 2 glands en or, avec fermoir en or, orné de perles noires, de rubis et d'émeraudes.

15 — Un collier composé de 62 grains de corail.

16 — Un collier formé d'une chaîne tressée retenue par une boucle en brillants en forme de jarretière et se terminant par un trèfle en brillants, auquel est suspendu une perle noire, en tout 30 brillants.

— Une belle parure en corail enrichie de brillants.

BRACELETS

17 — Un bracelet avec inscription : *Honni soit qui mal y pense*. Environ 216 roses.

18 — Un bracelet avec inscription : *Souvenirs*, sur or mat. Environ 220 roses.

19 — Un bracelet, inscription russe, sur or mat. Environ 226 roses.

20 — Un bracelet composé de 6 améthystes incrustées de fleurs en perles et diamants posées sur un corps en or de différentes couleurs, orné de demi-perles.

21 — Un bracelet émail violet pointillé, orné de 35 brillants.

22 — Un bracelet, une natte d'or mat sur laquelle est posé un camée-négresse, dont la coiffure est ornée de diamants ; le camée est lui-même placé dans un entourage or mat avec rubis.

23 — Un bracelet composé d'une chaîne d'or natté et d'une plaque ornée de 7 brillants et 36 roses, sur émail bleu.

24 — Un bracelet, un corps en émail noir, formé de deux anneaux en brillants, relié par une chaîne en diamants.

25 — Un bracelet émail bleu, au milieu duquel se trouve une bande en gros brillants, retenue par des brides également en brillants.

26 — Un bracelet, une belle perle blanche sur un corps d'or mat; la perle est entourée de 33 brillants.

27 — Un bracelet d'or mat, 30 brillants et perles d'Écosse.

28 — Un bracelet natté d'or, sur lequel se trouve une plaque formant broche, composée de 6 perles, dont une poire pendante, et de 25 brillants.

29 — Un bracelet en or mat, le milieu formant plaque, composé d'une émeraude carrée, entourée d'ornements en brillants, et de deux brides et brillants, posées sur le corps.

30 — Un bracelét, camée émeraude, tête de femme, entourée de 24 brillants et orné d'ornements repercés en émail b'anc.

31 — Un bracelet, une forte chaîne, à laquelle 2 boutons en perles entourées de chacune 10 brillants servent de fermoir, 2 autres petites perles se trouvent sur un ornement émaillé noir.

32 — Un bracelet d'or étranger, fermoir triangle, or mat, sur le milieu duquel se trouve gravé un serpent.

33 — Un bracelet d'or, tout pareil au précédent.

34 — Un bracelet, dessin grecque, paré de rubis et brillants. 30 rubis et 29 brillants.

35 — Un bracelet, très-grande et très-belle émeraude, montée avec des ornements en brillants, corps émail noir.

36 — Un bracelet, 1 émeraude cabochon, entourée de 16 gros brillants; sur le bracelet se trouvent 18 brillants.

37 — Un bracelet, un lion en petites roses, entouré d'une rangée de diamants, le tout cerclé d'un entourage de 10 brillants et 10 rubis. La chaîne du bracelet est en or mat et ornée de 4 barrettes rubis et brillants.

38 — Un bracelet, très-beau saphir, entouré de brillants, sur un corps émail noir et brillants.

39 — Un bracelet chaîne souple, plaque émail noir ornée de 15 gros brillants.

40 — Un bracelet composé de 14 perles et de 103 diamants montés sur or.

BAGUES

41 — Une bague, une turquoise et 16 brillants.

42 — Une bague, une turquoise, 16 brillants et 13 petites roses.

43 — Une bague, une émeraude et 10 brillants.

44 — Un jonc composé de 5 brillants.

45 — Une bague-chevalière unie, une turquoise.

46 — Une bague, une turquoise montée sur argent.

47 — Une bague, un brillant monté dans une chevalière d'or.

48 — Un jonc de 5 brillants montés dans l'émail noir.

49 — Une bague, une turquoise, 12 brillants, monture antique.

50 — Une bague, une pensée améthyste et rose.

51 — Une bague, une turquoise gravée, tête d'enfant entourée de brillants.

52 — Une bague, une perle, deux saphirs.

53 — Une bague tout or, modèle dit sorcière.

54 — Une bague, très-beau saphir et 16 brillants.

55 — Une bague, un très-beau saphir entouré de brillants; sur le corps se trouvent 16 brillants incrustés.

56 — Une bague, un brillant coloré entouré de brillants. (Pierre d'amateur.)

57 — Une bague jonc, un rubis et 2 brillants.

58 — Une bague, un rubis et 12 brillants.

59 — Une bague, rubis et 8 brillants.

60 — Une bague, 40 brillants et 4 roses.

61 — Une bague, onyx rose orientale entourée de 20 brillants.

BROCHES

Dix-huit Broches, faisant également ornement de tête, montées sur argent et se composant de nombreux brillants, dont le dessin représente une feuille et un ornement.

Ces dix-huit Ornements seront vendus deux par deux sous les numéros :

62 — Deux broches.

63 — Deux broches.

64 — Deux broches.

65 — Deux broches.

66 — Deux broches.

67 — Deux broches.

68 — Deux broches.

69 — Deux broches,

70 — Deux broches.

71 — Sept étoiles en brillants montées sur argent et pouvant se porter dans la tête.

72 — Une broche, un très-gros saphir entouré de 15 gros brillants.

73 — Une broche, une très-belle turquoise entourée de 12 brillants.

74 — Une broche formant plaque de collier, composée d'une émeraude entourée de 2 rangs de brillants et ornée d'une pendrille-émeraude et brillants dans le même style.

75 — Une broche formée de 2 émeraudes taillées et de 2 autres cabochons, de 4 perles grises; le tout faisant plaque de corsage; avec chaîne et pendrilles mobiles.

76 — Une broche, une mouche perles, émeraudes, rubis et brillants.

77 — Une broche, une grosse perle entourée de 10 brillants.

78 — Une broche, 21 brillants montés à griffes d'or poli.

79 — Une broche, une perle grise entourée de 18 brillants et ornée d'un pendant en perles grises, séparé de la broche par un brillant et une calotte en diamant.

80 — Cinq bluets en diamants faisant broches et épingles de tête, et pouvant également se porter en peigne.

81 — Un broche, une feuille sur une branche et 20 brillants montés en chatons.

82 — Une broche, une turquoise longue avec, avec brillants disposés dans l'or en forme de fleur.

83 — Une broche, une peinture entourée de 20 petites fleurs formées de rubis taillés; au milieu des fleurs se trouve un petit diamant

BOUCLES D'OREILLES

84 — Une paire de boucles d'oreilles, composées de six perles noires, deux diamants noirs, vingt brillants blancs et bandes en petites roses.

85 — Une paire de boucles d'oreilles, formées dans le haut de trois fleurs en brillants dont le cœur est en rubis ; elles sont ornées en outre de sept pendrilles chacune (il manque un brillant).

86 — Une paire de boucles d'oreilles, tout or, repercées d'ornements grecs.

87 — Une paire de boucles d'oreilles en brillants, doubles anneaux, monture argent.

88 — Deux boutons d'oreilles avec crochets pour l'oreille, brillants solitaires retenus par de petites griffes en roses.

89 — Une paire de boucles d'oreilles turquoises. Deux turquoises et vingt brillants.

90 — Une paire de boucles d'oreilles. Deux émeraudes pendeloques, avec des ornements en brillants (modèle oriental).

91 — Une paire de boucles d'oreilles briolettes. Saphirs remuant dans l'entourage de brillants, — les hauts d'oreilles sont composés d'un saphir taillé, entouré de brillants.

92 — Une paire de boucles d'oreilles. Emeraudes et brillants.

93 — Une paire de boucles d'oreilles de deux très-gros brillants, avec deux très-belles poires-perles, ornées de calottes en brillants et roses.

DIVERS BIJOUX

94 — Une paire de boutons de manches, composée de deux perles noires très-belles et de cinquante-quatre brillants; ceux-ci forment deux entourages autour de chaque perle.

95 — Quatre boutons de manches, formés de vingt brillants.

96 — Quatre boutons de manches, bords en rubis taillés, au milieu desquels se trouve un chiffre.

97 — Quatre boutons de manches pensées; améthystes et roses.

98 — Une paire de boutons de manches. Mouches roses, topazes et améthystes.

99 — Une croix composée de douze beaux brillants.

100 — Un cœur en brillants montés sur or. Au milieu se trouve une émeraude taillée en forme de poire.

101 — Un cœur. Une turquoise entourée de brillants.

102 — Un cœur. Un rubis entouré de sept brillants; plus d'une rangée de onze rubis, et enfin d'une autre de petites roses.

103 — Un cœur. Un magnifique rubis-poire, entouré de brillants.

104 — Un cœur en rubis et brillants, avec une petite chatnette garnie de perles.

105 — Un cœur en brillants montés sur or, avec un gros brillant, formant poire au milieu.

106 — Une boucle de ceinture, ornée de vingt brillants montés sur or.

Une Parure, corail et roses, composée de :

107 — Deux boutons d'oreilles. corail et roses.

108 — Deux boutons de manches, id.

109 — Une petite broche, id.

110 — Une épingle double boule, corail rose; chacune d'elles ornées de vingt et une roses.

111 — Une chaîne de col, maillons or, ornée de trente-six perles.

112 — Un médaillon imitant un marron d'Inde, dans l'intérieur se trouve une perle de différentes couleurs. (Objet d'amateur.)

113 — Un peigne tour-de-tête, faisant bandeau, formé de trois rangées de brillants.

114 — Deux autres peignes, même modèle, pour les côtés de la tête.

115 — Un très-grand peigne en brillants montés sur or, et orné de vingt-deux perles noires.

116 — Une petite mouche en émail, avec deux brillants sur les ailes.

117 — Une petite montre avec chiffre A. D., chaîne et petite clef émaillées.

118 — Une très-jolie montre, rubis et brillants, avec chaîne et clef, rubis et brillants.

119 — Une épingle corail, montée d'or, ornement feuille d'or.

120 — Une croix d'or mat uni.

121 — Une petite cassolette gravée et guillochée, ornée d'une turquoise talisman.

122 — Une petite cassolette à musique, peinture intérieure.

123 — Un carnet à visite à médaillon d'émail bleu, orné de roses.

124 — Deux petites boucles de souliers ornées de vingt-huit brillants.

125 — Une très-belle parure camées orientaux, se composant de :

Un collier formé de 4 camées, représentant :
Une tête Esculape, sardoine onyx.
Une tête Méduse, id.
Une tête Adrien, id.
Une tête Lucius Verus, onyx.
Plus 490 perles.

126 — Une broche-camée, onyx rose, tête de Flore, entourée de 28 perles.

127 — Une autre broche, tête d'Apollon, onyx rose, 24 perles.

128 — Une paire de boucles d'oreilles, 2 camées, tête de Vénus et tête de Minerve, onyx roses, entourées de 50 perles.

Une ceinture formée de 3 broches-camées.

129 — Une tête Alexandre, onyx rose, entourée de 30 perles.

130 — Une tête de Muse, sardoine, entourée de 33 perles.

131 — Une tête de Jupiter, sardoine, entourée de 30 perles.

132 — Un peigne, composé de 5 camées et 112 perles.

133 — Une chaîne longue, avec maillons d'or, 230 grammes.

134 — Une Chaîne, nœuds en brillants, avec une perle-poire pendante.

135 — Une chaîne longue, tout or, 28 grammes.

136 — Une broche émail, avec entourage demi-perles.

137 — Un briquet, or de différentes couleurs.

138 — Sous ce numéro, on vendra les objets non catalogués.

ARGENTERIE

THÉS

139 — Un thé en argent repoussé, gravé et ciselé, composé des pièces suivantes : une grande théière à bascules, une autre ordinaire, une cafetière, un pot à lait, un bol.

« Le plateau qui supporte ce thé est en plaqué, avec poi-
« gnées, pieds et ornements en argent.

140 — Un autre thé avec son plateau en argent, composé comme le précédent.

« Ces deux pièces d'orfèvrerie, remarquables par leur
« forme et leur ciselure, sortent des ateliers d'Odiot. »

141 — Un café, composé de son plateau, sa cafetière, son sucrier et son pot au lait.

142 — Un thé d'enfant.

RÉCHAUDS

143 — Trois réchauds à bougies, dont deux ronds et un ovale, sur pieds à jour, avec leurs cloches surmontés de sujets de chasse et amours. Signés *Maurice Mayer*.

PLATS

144 — Trois plats à gratin ovales, un autre rond, garnis de leurs doubles fonds.

145 — Trois plats longs, trois plats d'entrée ronds et quatre plats d'entremets.

146 — Un plat, filet de bordure à perles.

147 — Une assiette à marrons.

148 — Six assiettes à œufs.

149 — Une soupière et son plateau.

150 — Une autre sans plateau.

151 — Une saucière et son double-fond.

152 — Une autre sans double-fond.

153 — Trois légumiers avec pommes de rechange.

PLATEAUX

154 — Un plateau carré à poignées, fond gravé, ornement de bordure en relief.

155 — Un autre plus petit.

156 — Un plateau ovale.

157 — Un plateau à verre d'eau.

158 — Trois plateaux, ornements en relief sur fond or.

159 — Deux plateaux à cure-dents.

COUVERTS & COUTELLERIE

160 — Vingt-quatre cuillères et soixante-douze fourchettes de table.

161 — Une cuillère à potage, deux à sauces et quatre à hors-d'œuvre.

162 — Onze cuillers et douze fourchettes en vermeil.

163 — Une cuiller à glaces en vermeil.

164 — Douze cuillers à café en vermeil.

165 — Une cuiller à eau, une pince à raisin et douze pelles à sel, également en vermeil.

166 — Douze cuilliers à œufs en argent russe.

167 — Une truelle à poisson, un manche à gigot, une pince à asperges, un couvert à salade.

168 — Vingt-quatre fourchettes à huîtres, douze porte-couteaux.

169 — Un service à découper.

170 — Soixante couteaux à manches d'argent et lames d'acier.

171 — Douze couteaux à dessert, manches en vermeil et lames d'acier.

172 — Douze autres, lames et manches en vermeil.

PIÈCES DIVERSES

173 — Une corbeille à pain, tresses à jour.

174 — Un porte-grillades.

175 — Une ménagère à six flacons.

176 — Une autre à trois flacons.

177 — Un huilier.

178 — Deux moutardiers.

179 — Six dessous de carafes, signés *Maurice Mayer*.

180 — Six bouts de table formés de deux coquilles réunies par un dauphin surmonté d'un enfant, signés *Maurice Mayer*.

181 — Six salières.

182 — Quatre raviers formés par une coquille en cristal posée sur une branche en argent.

183 — Douze coquetiers et leurs cuillères.

184 — Un dessus de brosse à pain.

185 — Un plateau et son écuelle.

186 — Une cafetière en vermeil, très-belle de forme et de ciselure, dans le goût grec.

187 — Une autre cafetière.

188 — Un sucrier.

189 — Quatre tasses et leurs soucoupes.

190 — Une tasse à bouillon.

191 — Une tasse et sa soucoupe en vermeil.

192 — Un couvert de voyage.

— Un poëlon.

— Une timbale.

— Un pot à lait.

193 — Quatre porte-cigares.

194 — Une boîte à toilette.

195 — Un pot et sa cuvette.

196 — Un vase de nuit et un bourdalou en vermeil.

*Le poids total de l'argenterie s'élève à **120** kilogrammes.*

Le poids de chaque pièce sera annoncé au moment de la mise en vente.

MEUBLES

BRONZES & OBJETS D'ART

1RE ANTICHAMBRE

Les Rideaux et Tentures qui décorent cette pièce sont en reps.

197 — Une pendule Louis XVI, sur son socle en bois de rose, garnie de bronze doré.

198 — Une suspension, de forme ovoïde, en verre dépoli et bronze doré.

199 — Un canapé et deux chaises recouverts en reps.

200 — Deux beaux fauteuils en bois de chêne, richement sculptés, recouverts en velours grenat.

201 — Deux supports en chêne sculpté pour corbeilles à fleurs.

202 — Un tapis en moquette, façon Smyrne.

2ME ANTICHAMBRE

Les Rideaux, Portières et Tentures qui décorent cette pièce sont également en reps.

203 — Une suspension en bronze doré et argenté, de forme artistique.

204 — Un meuble ancien à tiroirs, les panneaux des côtés et les panneaux des tiroirs sont recouverts d'une riche marqueterie d'ivoire et de bois de couleurs.

205 — Un bahut ancien, époque Henri II, en bois noir, finement sculpté et gravé.

206 — Une belle potiche en vieux japon, avec couvercle surmonté d'une figurine.

207 — Un mandarin en porcelaine de Saxe, à tête et mains mobiles.

208 — Deux fauteuils en bois noir, recouverts en velours.

209 — Une servante à deux étages, en bois noir.

210 — Une jardinière en bambou.

211 — Deux jardinières Huret.

212 — Un tapis en moquette, façon Smyrne.

SALLE A MANGER

213 — Douze rideaux et portières en tapisserie d'Aubusson, fleurs et fruits sur fond blanc encadrés vert tendre, molletonnés et doublés de soie.

214 — Une suspension de salle à manger à trente lumières, en bronze doré.

215 — Une pendule Louis XIV, sur son socle en marqueterie de boule, ornée de bronze doré.

216 — Deux lampes en porcelaine céladon, montées de bronzes dorés.

217 — Deux jardinières, porcelaine céladon, garnies de leurs bronzes dorés.

218 — Une paire de chenets en bronze doré, avec garniture de foyer complète.

219 — Deux torchères en bois sculpté et doré sur fond noir.

220 — Un ameublement de salle à manger composé de : douze chaises recouvertes en velours grenat, buffet à deux corps à vantaux pleins et vitrés, un dressoir et une table à découper. Le tout en bois de noyer sculpté avec filets et ornements relevés de noir.

221 — Une cage de cheminée surmontée d'une glace dans son cadre sculpté, également en bois de noyer avec filets et ornements relevés de noir.

222 — Un grand tapis en moquette, façon Smyrne.

223 — Un tapis de table en velours grenat avec franges.

DANS LE BUFFET

PORCELAINES DE SÈVRES, PATE TENDRE

224 — Deux verrières, fond blanc, décors fleurs et bouquets.

225 — Deux bouts de table portant chacun trois pots scellés, fleurs et bouquets sur fond blanc.

226 — Une soupière de forme ovale, avec plateau et couvercle, filets bleus, fleurs sur fond blanc.

227 — Quatre compotiers de forme carrée arrondie à filets bleus et or, décors à fleurs.

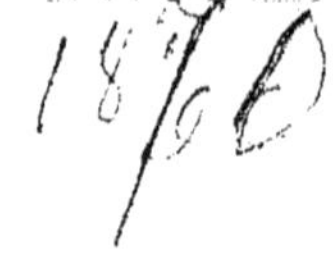

228 — Un saladier de forme ronde à filets bleus et or, décors à fleurs sur fond blanc.

229 — Douze pots à crème, décors à fleurs sur fond blanc.

230 — Trente-six assiettes plates à ornements gaufrés, bouquets de fleurs sur fond blanc.

231 — Douze assiettes plus petites semblables aux précédentes.

232 — Une écuelle avec couvercle et plateau, décors à fleurs sur fond blanc.

PORCELAINES DE SAXE

233 — Un thé en Saxe, composé de : une cafetière, une théière, un pot à crème, un sucrier, une boîte à thé, cinq tasses à thé et deux à café ave leurs soucoupes.

Toutes ces pièces sont décorées de personnages dans le goût de Watteau, sur fond blanc avec encadrements lie de vin.

234 — Une écuelle avec couvercle et plateaux, fleurs et fruits sur fond blanc et encadrements bleus.

235 — Une théière et son plateau décorés de la même manière.

236 — Une soupière de forme ovale avec ornements gaufrés décorée d'animaux chimériques.

237 — Une tasse de forme oblongue gaufrée, décorée de à fleurs sur fond blanc.

238 — Deux tasses à anses avec fleurs en relief et un petit flacon; décors en camayeux, genre Watteau.

PORCELAINES DE CHINE & DU JAPON

239 — Six tasses avec couvercles, émaillées vert

240 — Deux tasses et soucoupes, décors à mandarins.

241 — Cinq tasses et soucoupes avec couvercles.

242 — Deux potiches en porcelaine du Japon.

243 — Un plat rond en faïence italienne ayant un blason pour milieu. Décors arabesques, femmes et enfants.

SALON

244 — Quatre rideaux de fenêtre avec leurs galleries Louis XVI, en bois sculpté et doré sur fond blanc, et huit portières, le tout en damas cerise, doublés de soie et molletonnés.

245 — Un lustre en *cristal de roche*, 16 lumières, monture en bronze doré.

246 — Quatre appliques, également en *cristal de roche*: à 7 lumières.

247 — Une très-belle garniture de cheminée, style Louis XVI, en bronze doré finement ciselé, composé d'une pendule et de deux candelabres.

248 — Une garniture de foyer complète.

249 — Un meuble de salon composé d'un canapé, deux fauteuils, quatre chaises, recouvert en damas de soie cerise capitonné.

250 — Six chaises de salon Louis XVI, en bois doré, recouvertes en soie brodée.

251 — Un grand tapis de salon en tapisserie d'Aubusson, ornements sur fond blanc.

252 — Une cheminée Louis XVI, en marbre blanc.

253 — Une tablette de cheminée avec rideaux de soie cerise.

254 — Un meuble d'entre-deux à deux venteaux, Louis XVI, en bois de couleur orné de marqueterie et de bronzes dorés. Ce meuble est d'une grande beauté.

255 — Une table à jeu dans le goût du meuble précédent

256 — Un guéridon rond formé d'un dessus en *malachite*, sur pied en bronze doré.

257 — Une table de salon en bois sculpté et doré, avec dessus en velours.

258 — Deux grandes et belles torchères en bois sculpté et doré, formées de femmes sur socles à griffes.

259 — Une console Louis XVI, en bois sculpté et doré, avec dessus en marbre blanc.

260 — Deux jardinières Louis XVI, en bois sculpté et doré, guirlandes et fleurs découpées à jour, portées sur 4 pieds cannelés.

— Un écran en bois sculpté et doré.

261 — Une glace dans un très beau cadre Louis XVI, sculpté et doré, sur fond blanc.

262 — Une autre plus petite dans un cadre semblable.

263 — Une glace à biseau dans un cadre en bois sculpté et doré, surmonté d'une couronne et ornements à jour.

264 — Une autre glace à biseau dans le style de la précédente.

265 — Coussins de tête, de pied et oreillers, brodés or et soie.

266 — Une boîte à gants en chêne, avec plaques en ébène, ornées de sculptures en relief, représentant des frises d'ornements et d'enfants.

267 — Une bonbonnière en écaille, piquée d'or.

(Vente Humann.)

268 — Un petit coffre à bijoux en cuivre, orné de plaques émaillées.

269 — Un vase porte-bouquet en marbre onyx, avec montre en bronze doré et émaillé.

270 — Une coupe en agate brune, avec monture en bronze artistique en vieil argent.

271 — Une petite coupe vide, partie en marbre onyx, avec monture en bronze doré et émaillé.

272 — Une petite coupe vide, poche en porcelaine, avec décor d'Amour, monture en bronze doré.

273 — Un bol en faïence italienne, décoré de sujets religieux.

274 — Deux calices en verre de Bohême grenat, ornés de gravures, représentant des branches de vignes et des raisins.

275 — Un sucrier en verre de Venise.

STATUETTES EN PORCELAINES DE SAXE

276 — Berger jouant de la flûte.

277 — Bergère et son mouton.

278 — Jardinier appuyé sur un bâton.

279 — La petite fleuriste.

280 — Jeune paysanne donnant à manger à des poules.

281 — Jeune fille tenant un cahier de musique.

282 — La marchande de poires.

283 — Un buste de jeune fille en porcelaine de Saxe.

284 — Un autre buste de jeune fille en porcelaine de Saxe.

285 — Une boîte en porcelaine de Saxe, forme carrée, à quadrilles bleus, décorée de médaillons à personnages dans le goût de Watteau.

286 — Une jardinière en porcelaine de Saxe, à médaillons, à paysages et personnages.

(Forme ronde.)

287 — Une jardinière, forme carrée, en porcelaine de Saxe, décors en camaïeu, représentant des paysages, monture en bronze doré.

288 — Deux flambeaux en porcelaine de Saxe, avec fleurs en relief.

(Style rocaille.)

289 — Deux autres flambeaux semblables aux précédents.

PORCELAINES DE CHINE & DU JAPON

290 — Deux beaux vases (potiches montés en lampes), en porcelaine de Chine, fond blanc et médaillons émaillés verts, ornés d'animaux chimériques et paysages.

291 — Deux bouteilles à long col en porcelaine du Japon, décorées d'animaux chimériques.

292 — Deux sucriers en porcelaine de Chine, fond bleu, avec médaillons de branchages et fleurs émail vert.

(Ancienne monture en argent.)

293 — Un bol en porcelaine de Chine, décors à mandarins, sur un pied, en bois sculpté.

294 — Un pot en porcelaine de Chine, décors de fleurs et oiseaux.

295 — Une statuette en bronze, représentant la Vénus au Dauphin. Reproduction.

(Barbedienne et Collas.)

296 — Une statuette en bronze, représentant une négresse qui danse.

(Réduction de Pradier.)

297 — Un enfant couché tenant des fleurs, bronze moderne.

298 — Chien et tortue, bronze, par Jacquemart.

299 — Chien de chasse, bronze, par de la Brierre.

300 — Chien en arrêt, bronze, par Mène.

PETIT SALON

Les Rideaux, Portières et Tentures qui décorent cette pièce sont en damas de soie jaune.

301 — Un grand divan d'encoignure, formant coude, en soie jaune capitonné. Un oreiller et deux coussins en soie et drap, brodés d'or.

302 — Une fumeuse recouverte en soie jaune capitonnée.

303 — Une glace biseautée dans son cadre également en glace biseautée.

304 — Une autre glace biseautée dans son cadre ancien, feuilles de chêne découpées à jour sur fond en velours noir.

305 — Un piano d'Érard, à sept octaves, en bois noir gravé, garni de bronze.

306 — Une tablette de cheminée, avec rideaux en soie jaune.

307 — Un lustre en *cristal de roche*, à douze lumières, monté en bronze doré.

308 — Une petite pendule Louis XVI, en marbre blanc et bronze doré. Le sujet représente un Enfant debout près d'une cage, tenant un oiseau.

309 — Une paire de chenets formant vases au milieu, entourés d'ornements en rinceaux.

(Dorure au mât, style Louis XVI.)

310 — Un tapis en moquette, fleurs et ramages sur fond blanc.

311 — Deux beaux vases potiches en porcelaine de Chine, fond vert à quadrilles, et médaillons d'un très-bel émail.

(Monture Louis XVI en bronze doré au mât.)

312 — Une statue en marbre blanc, représentant la Vénus Cullipige.

313 — Deux bouteilles à long col, en pocelaine du Japon, avec monture en bronze ciselé et doré.

314 — Un écran en bronze ciselé et doré, orné d'un médaillon de forme ovale, représentant un Amour enveloppé.

(Allégorie de l'Hiver, peinture de l'école moderne.)

315 — Une statuette en bronze, représentant Diane chasseresse, d'après l'antique.

(Réduction Barbedienne et Collas.)

316 — Deux jardinières Huret.

317 — Un joli coffret garni en velours grenat, avec ornements en cuivre doré.

TABLEAUX

TROYON.

318 — Vaches et moutons au pâturage.

BONVIN (1859).

319 — Les bons Amis. Scène de cabaret.

COUDER (Alexandre).

320 — Intérieur de cuisine.

(Sur bois.)

ÉCOLE MODERNE.

321 — La chocolatière.

(Sur porcelaine.)

BIBLIOTHÈQUE

Les Rideaux, Portières et Tentures qui décorent cette pièce sont en soie jaune.

322 — Une tablette de cheminée, avec rideaux en soie jaune.

323 — Une bibliothèque à deux corps, en bois noir, façon ébène. Les milieux des panneaux du bas sont en marbre vert.

324 — Un bureau plat en bois noir, façon ébène, style Louis XVI.

325 — Une table à jeu.

326 — Un écran chinois, encadrement en bois noir.

327 — Un canapé faisant lit de repos, deux fauteuils, une fumeuse. Le tout en soie jaune capitonnée. Deux oreillers et deux coussins brodés or et soie.

328 — Un tapis en moquette, fleurs et ramages sur fond blanc.

329 — Une paire de chenets, vases à fleurs en bronze doré, style Louis XVI; porte-pelle et pincettes; garde-feu.

330 — Une grande et belle glace à biseau, avec fronton et ornements en cuivre repoussé.

(Époque Louis XIII.)

331 — Une grande coupe en marbre onyx, avec une très-belle monture en bronze doré.

332 — Un très-bel encrier de cabinet, le Penseur, d'après Michel-Ange, monté sur onyx.

Il n'existe que deux exemplaires de cette pièce remarquable, éditée par la maison Barbedienne.

333 — Deux très-jolis bougeoirs en argent doré, garnis de turquoises et grenats.

334 — Une coupe en bronze argenté, avec sculptures en relief, représentant des Bacchanales.

335 — Une petite coupe vide-poche, ornée à l'intérieur d'insectes émaillés.

336 — Un coffret en malachite.

337 — Un pot à tabac en ivoire, orné de sculptures en relief, représentant une Chasse au cerf et au sanglier. Le couvercle est surmonté d'une biche.

338 — Une autre statuette en ivoire, Bacchante tenant une grappe de raisin et une coupe.

339 — Une statuette en ivoire, représentant une Femme nue tenant un papillon.

340 — Une autre petite statuette en ivoire. La Vénus au Dauphin.

341 — Buste de Marie-Antoinette, en biscuit de Sèvres.

342 — Lion qui marche, bronze en vert antique, par *Barye*.

343 — Lionne qui marche, bronze en vert antique, par *Barye*.

344 — Jeune fille tenant des fleurs. Statuette en bronze de *Pradier*.

345 — Femme orientale dansant. Statuette en bronze de *Pradier*.

346 — Un modèle de main : bronze moderne.

347 — Un médaillon en or émaillé, contenant les instruments de la Passion du Christ.

348 — Le baptême du Christ; plaque ovale en émail de Limoges.

TABLEAUX

BLAREMBERGHE (Van).

349 — Diane au bain, entourée de ses nymphes.

Ravissante composition de douze figures dans un petit médaillon de forme carré long.

TOURNEMINE (Ch. de).

350 — Vue d'Orient.

BRETON (Jules).

351 — La Récolte du colza.

Ce tableau a figuré au salon de 1860, sous le numéro 427.

ROQUEPLAN (Camille).

352 — Les Moissonneuses. (Esquisse.)

O'CONNELL (Madame).

353 — Portrait de Mlle Rachel.

Grands et beaux ouvrages, écoles classiques et modernes, richement reliés.

Pour plus de détails, voir le catalogue qui se distribue chez Lavigne, expert.

CHAMBRE A COUCHER

Les Rideaux, Portières et Tentures qui décorent cette pièce sont en soie amaranthe.

255 — Une très-belle pendule, époque Louis XVI, en bronze ciselé et doré au mat. Le haut est surmonté d'une couronne de lauriers attachée à deux cornes d'abondance. Le socle est en marbre griotte d'Italie, orné de bas-reliefs en bronze doré.

Le mouvement de la pendule est de Ferdinand Berthoud.

356 — Deux candelabres à cinq lumières, en bronze ciselé et doré au mat, représentant un Satyre et une Nymphe, sur socles en marbre griotte d'Italie.

357 — Une très-belle paire de chenets, style rocaille. — Un porte-pelle et pincettes garnis.

358 — Un Lit, avec ses rideaux, entièrement recouvert en soie amarante et capitonnée.

359 — Une chaise longue et deux fauteuils de soie capitonnée.

360 — Un divan à accotoirs et deux causeuses en bois doré, époque Louis XVI, avec coussins et dossiers en satin blanc brodé en soie de diverses couleurs, représentant des corbeilles et paniers remplis de fleurs, encadrés de médaillons et guirlandes de fleurs, forme ovale.

Ces meubles sont d'un goût exquis.

361 — Écran dans le goût de l'article qui précède.

362 — Une petite table-servante, en marqueterie de bois, garnie de bronzes dorés, forme ovale, époque Louis XVI.

363 — Un bureau de dame en marqueterie de cuivre et nacre.

364 — Un grand coffre à bijoux, en marqueterie de cuivre, posé sur socle, en bois noir.

365 — Un autre coffre à bijoux, en bois de racine, garni de cuivres dorés, dans le style Louis XVII.

366 — Un tapis, fleurs et ramages, sur fond blanc.

367 — Une glace à biseau, dans un beau cadre en bois sculpté et doré, orné de sculptures à jour et d'enfants.

(Travail italien.)

368 — Une autre glace à biseau, dans un très-beau cadre doré, orné de sculptures et surmonté d'un fronton avec groupe d'enfants entourés de fleurs retombant en guirlandes.

(Travail italien.)

369 — Une grande et belle glace, dite Psychée, à pivot, dans un très-beau cadre en bois sculpté et doré, style rocaille. Le pied est formé par deux cariatides.

370 — Un coffre en bois noir, gravé, surmonté d'un croissant.

371 — Un très-joli nécessaire de toilette pour dame, en agate, avec monture en or ciselé. L'intérieur est garni de deux flacons en cristal de roche, avec bouchons en or émaillé ; d'un dé, ciseaux, brosse, couteau, boîte, etc. Le tout est monté en or.

372 — Une veilleuse ayant la forme d'un vase cassolette, représentant une allégorie religieuse. Bronze doré posé sur un socle en marbre onyx.

373 — Deux bougeoirs en bronze doré et émaillé.

374 — Une petite lampe en bronze artistique argenté et doré. Copie d'une lampe romaine.

375 — Deux écrans à main en bronze artistique, garnis de broderies.

376 — Une bonbonnière en cristal de roche avec monture en or ciselé.

377 — Les Jardiniers. Groupe de sept figures en porcelaine de Saxe.

378 — Nymphe tenant une longue vue et un écusson ; à ses pieds, un aigle.

(Jolie statuette en porcelaine de Saxe,)

379 — Bacchus enfant. Groupe en porcelaine de Saxe.

CABINET DE TOILETTE

Les Rideaux, Portières et Tentures qui décorent cette pièce sont en perse.

380 — Une pendule à cadran émaillé bleu, figurant une boule surmontée d'une statue de femme. (Allégorie de la nuit.) — Deux candélabres en bronze à trois lumières allant avec la pendule.

381 — Une grande armoire à glace biseautée, à deux vantaux en bois noir, façon ébène.

382 — Une grande toilette avec sa garniture en bohême, dessus en marbre blanc surmonté d'une glace.

383 — Deux petits meubles de toilette, forme chiffonnier.

384 — Fauteuils, chaises et siéges divers recouverts en perse.

385 — Un tapis fleurs et ramages, fond blanc.

386 — Une jolie glace de toilette avec cadre en argent repoussé.

387 — Une petite glace à biseau dans un cadre italien en bois sculpté et doré.

388 — Un petit miroir ovale avec cadre en porcelaine de Saxe, orné de fleurs en relief.

389 — Deux statuettes et socles applique en porcelaine de Saxe, représentant le Jardinier et la Fleuriste.

390 — Une petite boîte à musique en or garnie de rubis.

391 — Une jolie coupe ovale en agate marbrée bleu, avec monture artistique en vieil argent.

392 — Plusieurs petits coffrets et encriers en bronze artistique et marqueterie.

PORCELAINE

393 — Un service en porcelaine blanche et filets dorés, composé de : une soupière, un saladier, deux légumiers, quatre plats ronds et ovales, soixante-douze assiettes.

394 — Un service bordure verte, filet or et médaillons, composé de : trente-six assiettes, deux grands compotiers, quatre petits, quatre assiettes montées, deux sucriers et douze tasses à café.

395 — Vingt tasses à café, modèles et dessins divers, en Sèvres moderne.

VERRERIE

396 — Un grand service à douze couverts en bohême gravé, verres ordinaires, à eau, à bordeaux, à madère, à liqueurs, champagne et vins du Rhin, surtout, carafon et carafe.

397 — Mousseline étoilée : douze coupes à champagne, douze à bordeaux, douze à liqueurs, douze carafes, six carafons.

398 — Onze carafes et carafons, cinq verres à pieds, douze rince-bouche.

399 — Six bouteilles à anses, deux carafons.

400 — Seize pièces, verres et choppes, en bohême gravé.

401 — Trois porte-bouquets en bohême de couleur. Sujets de chasse gravés.

DIVERS

402 — Coffrets, pupitre, écrans, boîte à jeux, etc.

CHAMBRES DE DOMESTIQUES

403 — Quatre chambres. Meubles courants en acajou et palissandre.

CUISINE

404 — Batterie en cuivre. Meubles courants.

RENOU et MAULDE, imprimeurs de la Compagnie des Commissaires-Priseurs, rue de Rivoli, 144. 10303

VENTE DESLION

N° du Catalogue

DÉSIGNATION

M

rue

Prix

1030. IMP. RENOU ET MAULDE.

VENTE DESLION

Nº du Catalogue

DÉSIGNATION

M

rue

Prix

1030. IMP. RENOU ET MAULDE.

www.ingramcontent.com/pod-product-compliance
Ingram Content Group UK Ltd.
Pitfield, Milton Keynes, MK11 3LW, UK
UKHW020449180726
13839UKWH00004B/1730